Impressum
Verlag: BABADADA GmbH, Nedderfeld 112 , 22529 Hamburg
Geschäftsführer / Verlagsleitung: Harald Hof
Druck: Books on Demand GmbH, In de Tarpen 42, 22848 Norderstedt

Imprint
Publisher: BABADADA GmbH, Nedderfeld 112 , 22529 Hamburg, Germany
Managing Director / Publishing direction: Harald Hof
Print: Books on Demand GmbH, In de Tarpen 42, 22848 Norderstedt

学校

school

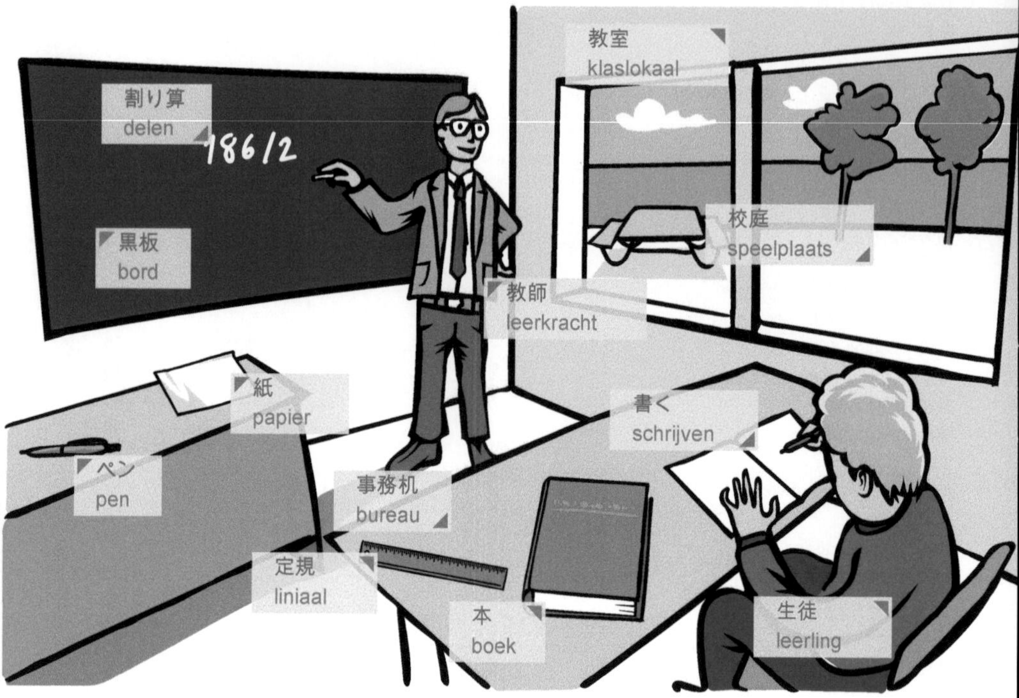

教室
klaslokaal
割り算
delen
186/2
黒板
bord
校庭
speelplaats
教師
leerkracht
紙
papier
書く
schrijven
ペン
pen
事務机
bureau
定規
liniaal
本
boek
生徒
leerling

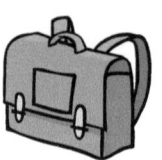

ランドセル

schooltas

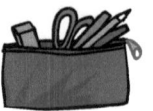

筆入れ

pennenzak

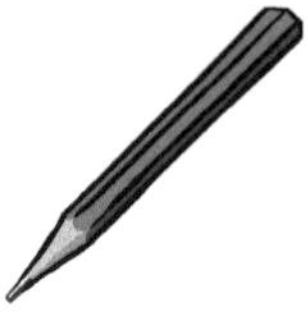

鉛筆

potlood

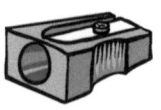

鉛筆削り

puntenslijper

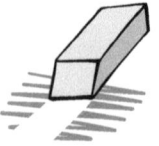

消しゴム

gom

スケッチブック

tekenblok

スケッチ
tekening

絵筆
verfborstel

絵の具箱
verfdoos

はさみ
schaar

接着剤
lijm

練習帳
werkboek

宿題
huiswerk

12

数
nummer

2+2

足し算
optellen

5-2

引き算
aftrekken

2×2

かけ算
vermenigvuldigen

計算する
rekenen

A

文字
letter

ABCDEFG
HIJKLMN
OPQRSTU
VWXYZ

アルファベット
alfabet

hello

単語
woord

テキスト

tekst

読む

Lezen

チョーク

krijt

授業

les

学級日誌

klassenboek

試験

examen

通知表

certificaat

制服

schooluniform

教育

onderwijs

百科事典

encyclopedie

大学

universiteit

顕微鏡

microscoop

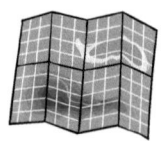

地図

kaart

ごみ箱

papiermand

ホテル
hotel

Grand

ホステル
jeugdherberg

ROOMS

両替所
wisselkantoor

EXCHANGE

スーツケ
ース
koffer

自動車
auto

言語
Taal

はい / いいえ
ja / nee

問題ない
oké

ハロー
hallo

翻訳者
vertaler

ありがとう
bedankt

…はいくらですか？

Hoeveel kost …?

わかりません

Ik begrijp het niet

問題

probleem

こんばんは！

Goedenavond!

おはようございます！

Goedemorgen!

おやすみなさい！

Goedenavond!

さようなら

Tot ziens

方向

richting

手荷物

bagage

バッグ

zak

リュックサック

rugzak

お客様

gast

部屋

kamer

寝袋

slaapzak

テント

tent

旅行者情報

toeristeninformatie

ビーチ

strand

クレジットカード

kredietkaart

朝食

ontbijt

昼食

lunch

夕食

avondeten

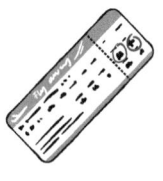

チケット

ticket

エレベーター

lift

スタンプ

postzegel

境界

grens

税関

douane

大使館

ambassade

ビザ

visum

パスポート

paspoort

輸送

transport

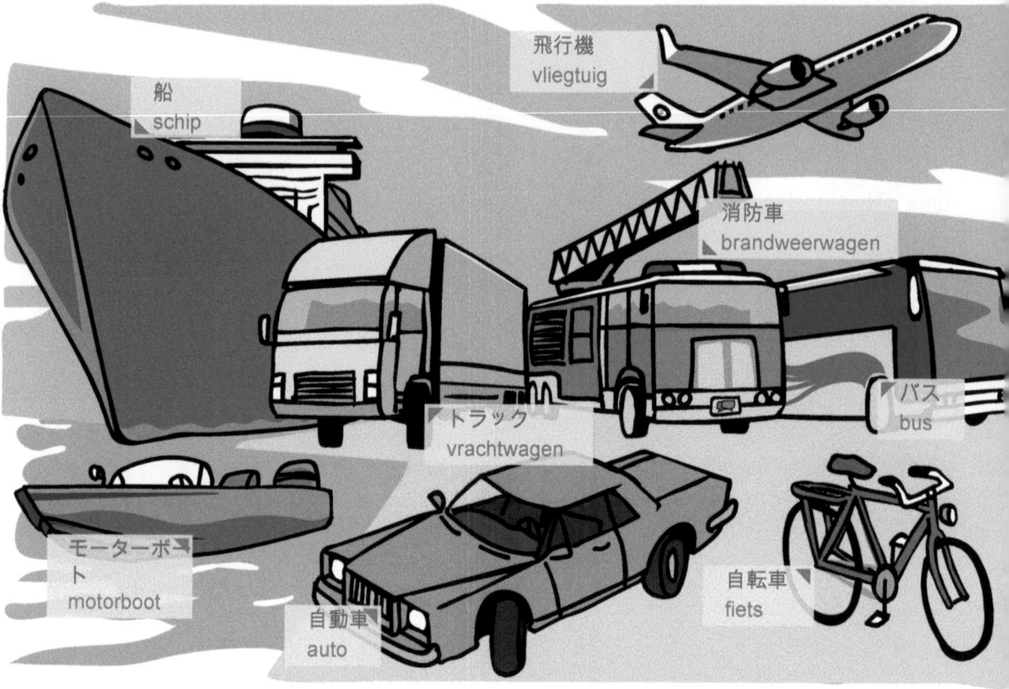
飛行機
vliegtuig
船
schip
消防車
brandweerwagen
バス
bus
トラック
vrachtwagen
モーターボート
motorboot
自転車
fiets
自動車
auto

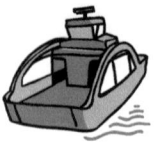

フェリー

veerboot

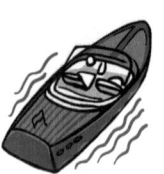

ボート

boot

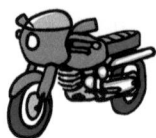

バイク

motor

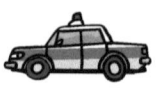

パトカー

politiewagen

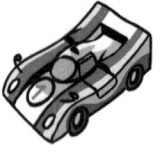

レーシングカー

racewagen

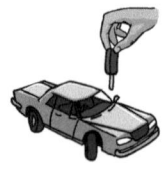

レンタカー

huurauto

カーシェアリング

carpoolen

レッカー車

sleepwagen

ごみ収集車

vuilniswagen

モーター

motor

燃料

benzine

ガソリンスタンド

benzinestation

交通標識

verkeersbord

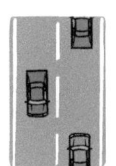

交通

verkeer

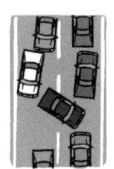

渋滞

file

駐車場

parkeerplaats

駅

station

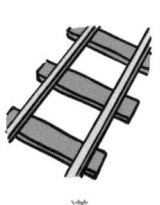

道

sporen

列車

trein

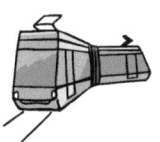

路面電車

tram

車両

wagon

ヘリコプター

helikopter

空港

luchthaven

タワー

toren

乗客

passagier

コンテナ

container

段ボール箱

karton

カート

kar

カゴ

mand

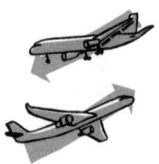

離陸 / 着陸

opstijgen / landen

都市

stad

村

dorp

都心

stadscentrum

家

huis

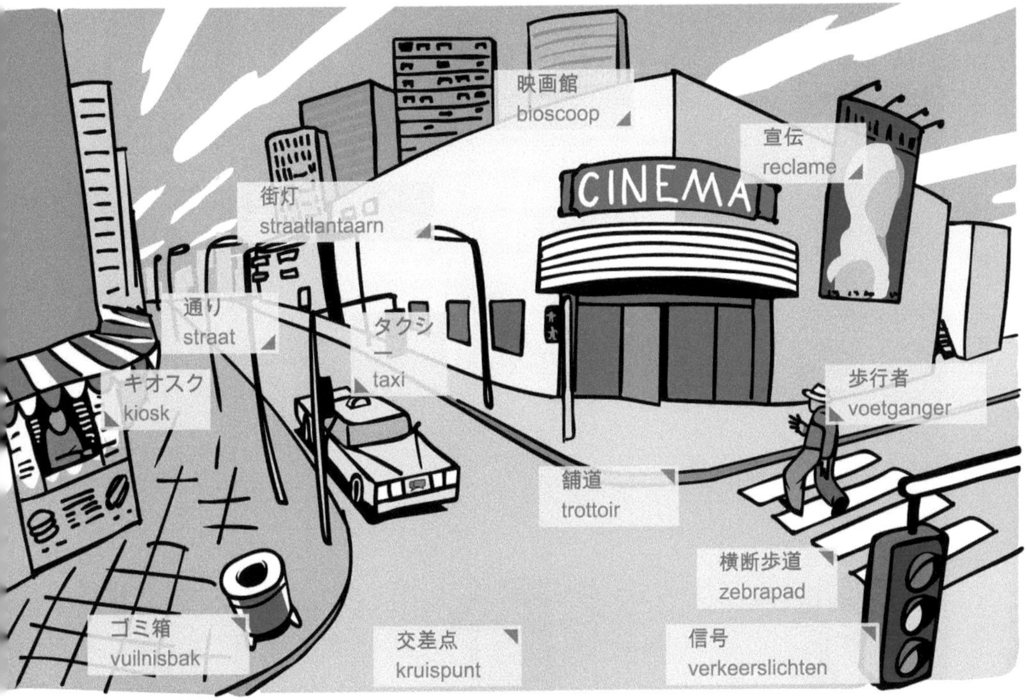
映画館
bioscoop
宣伝
reclame
CINEMA
街灯
straatlantaarn
通り
straat
タクシー
taxi
キオスク
kiosk
歩行者
voetganger
舗道
trottoir
横断歩道
zebrapad
ゴミ箱
vuilnisbak
交差点
kruispunt
信号
verkeerslichten

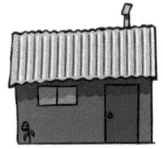

小屋

hut

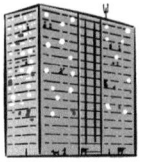

アパート

woning

駅

station

市役所

stadshuis

MUSEUM

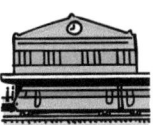

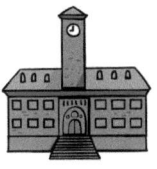

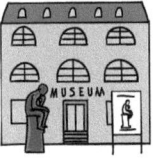

美術館

museum

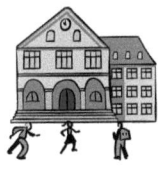

学校

school

大学

universiteit

銀行

bank

病院

ziekenhuis

ホテル

hotel

薬局

apotheek

オフィス

kantoor

書店

boekwinkel

ショップ

winkel

花屋

bloemenwinkel

スーパーマーケット

supermarkt

市場

markt

デパート

warenhuis

魚屋

vishandelaar

ショッピングセンター

winkelcentrum

港

haven

公園
park

ベンチ
bank

橋
brug

階段
trap

地下鉄
metro

トンネル
tunnel

バス停
bushalte

バー
bar

レストラン
restaurant

ポスト
brievenbus

道路標識
straatnaambord

パーキングメーター
parkeermeter

動物園
zoo

スイミングプール
zwembad

モスク
moskee

農場

boerderij

汚染

milieuverontreiniging

墓地

kerkhof

教会

kerk

遊び場

speelplaats

寺

tempel

風景

landschap

葉
blad

道標
wegwijzer

道
weg

草地
weide

石
steen

木
boom

ハイカー
wandelaar

川
rivier

草
gras

花
bloem

谷
vallei

山
heuvel

湖
meer

森
bos

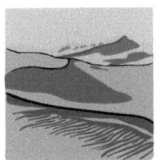

砂漠
woestijn

火山
vulkaan

城
kasteel

虹
regenboog

キノコ
paddenstoel

ヤシの木
palmboom

蚊
mug

ハエ
vlieg

蟻
mier

ミツバチ
bijl

クモ
spin

カブトムシ
kever

蛙
kikker

リス
eekhoorn

ハリネズミ
egel

ウサギ
haas

フクロウ
uil

鳥
vogel

白鳥
zwaan

雄豚
wild zwijn

鹿
hert

ヘラジカ
eland

ダム
dam

風力タービン
windturbine

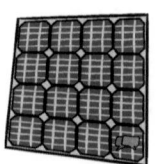

ソーラーパネル
zonnepaneel

気候
klimaat

レストラン

restaurant

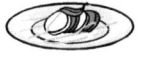

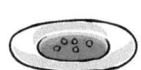

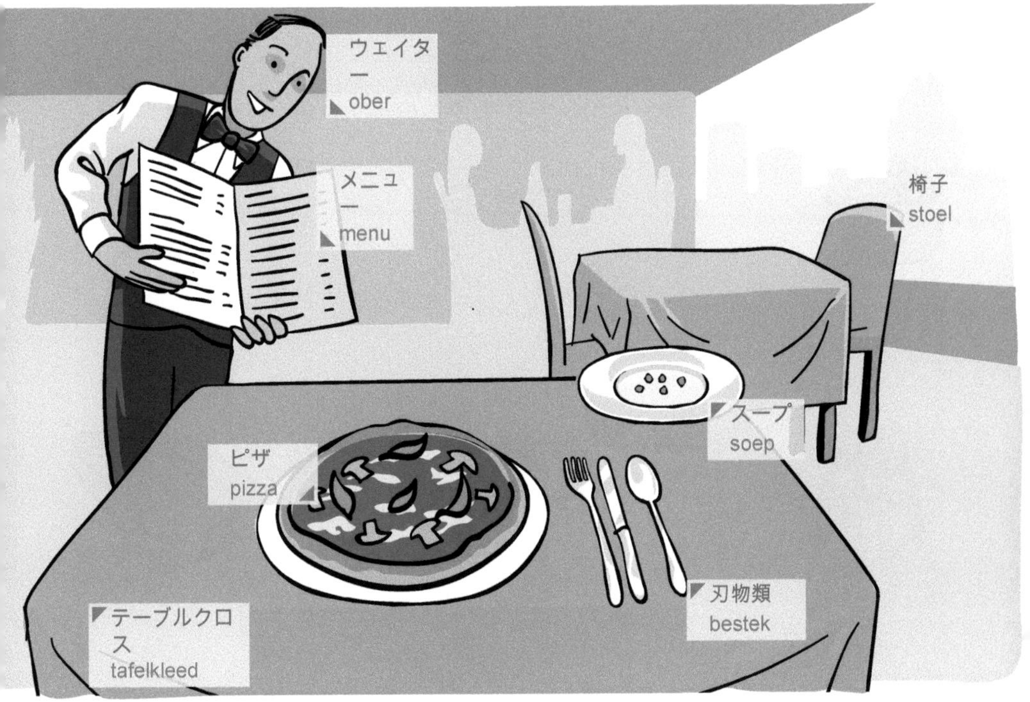
ウェイター
ober
メニュー
menu
椅子
stoel
スープ
soep
ピザ
pizza
刃物類
bestek
テーブルクロス
tafelkleed

前菜

voorgerecht

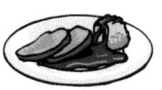

メインコース

hoofdgerecht

デザート

nagerecht

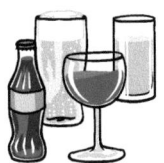

飲み物

drankjes

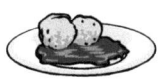

食べ物

eten

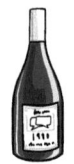

ボトル

fles

ファストフード

fastfood

屋台の食べ物

street food

ティーポット

theepot

砂糖入れ

suikerpot

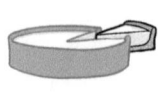

一人前

portie

エスプレッソマシン

espressomachine

幼児用食事椅子

kinderstoel

請求書

rekening

トレー

dienblad

ナイフ

mes

フォーク

vork

スプーン

lepel

ティースプーン

theelepel

ナプキン

serviette

グラス

glas

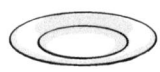

皿
bord

スープ皿
soepbord

受け皿
schoteltje

ソース
saus

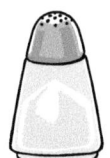

塩入れ
zoutvatje

ペッパーミル
pepermolen

酢
azijn

油
olie

スパイス
kruiden

ケチャップ
ketchup

マスタード
mosterd

マヨネーズ
mayonaise

スーパーマーケット

supermarkt

特価品
aanbieding
FOR
顧客
klant
乳製品
zuivelproducten
果物
fruit
ショッピング・
カート
winkelwagen

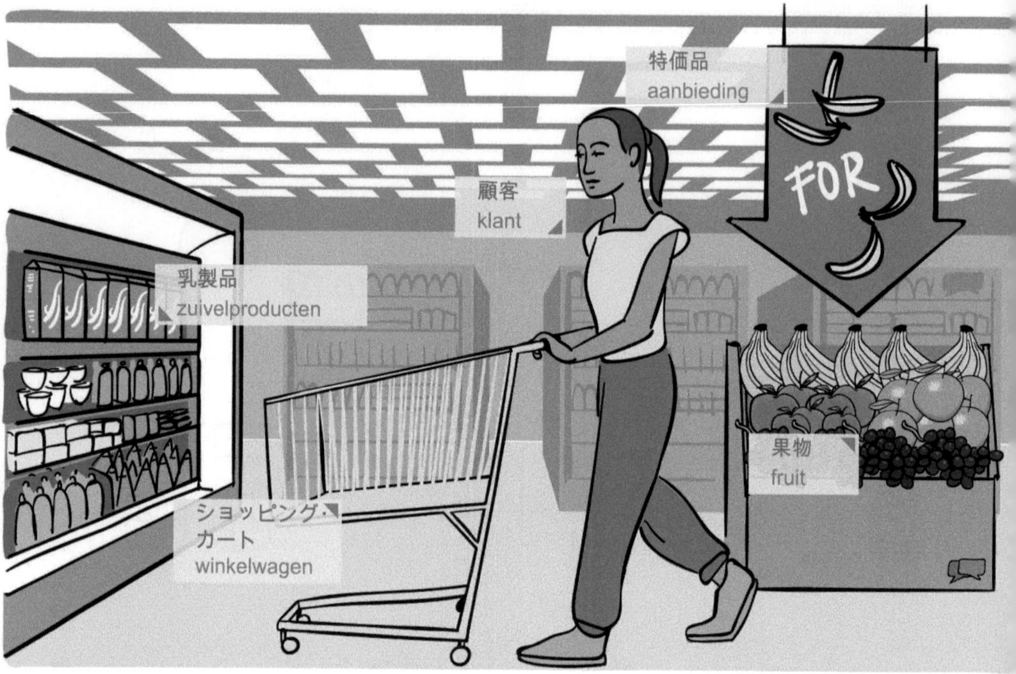

BUTCHERS

肉屋

slagerij

BAKERY

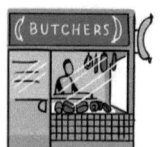

パン屋

bakkerij

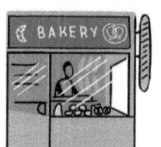

重さをはかる

wegen

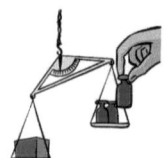

野菜

groenten

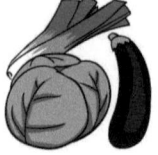

肉

vlees

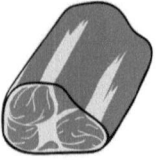

冷凍食品

diepvriesvoedsel

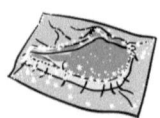

冷肉の薄切り

charcuterie

缶詰食品

conserven

洗剤

waspoeder

菓子

snoep

家庭用品

huishoudproducten

清掃用品

schoonmaakproducten

販売員

verkoopster

現金箱

kassa

レジ係

kassier

買い物リスト

boodschappenlijstje

開館時刻

openingstijden

財布

portefeuille

クレジットカード

kredietkaart

バッグ

tas

ポリ袋

plastieken zakje

水

water

ジュース

sap

牛乳

melk

コーラ

cola

ワイン

wijn

ビール

bier

アルコール

alcohol

ココア

cacao

紅茶

thee

コーヒー

koffie

エスプレッソ

espresso

カプチーノ

cappuccino

バナナ

banaan

リンゴ

appel

オレンジ

sinaasappel

メロン

meloen

レモン

citroen

ニンジン

wortel

ニンニク

knoflook

竹

bamboe

玉ねぎ

ajuin

キノコ

champignon

ナッツ

noten

ヌードル

noodles

スパゲッティ

spaghetti

米

rijst

サラダ

salade

フライドポテト

frieten

フライドポテト

gebakken aardappelen

ピザ

pizza

ハンバーガー

hamburger

サンドウィッチ

sandwich

カツレツ

kalfslapje

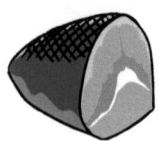

ハム

ham

サラミ

salami

ソーセージ

worst

鶏肉

kip

焼き

braden

魚

vis

麦のお粥

havervlokken

ムーズリ

muesli

コーンフレーク

cornflakes

小麦粉

bloem

クロワッサン

croissant

ロールパン

pistolet

パン

brood

トースト

toast

ビスケット

koekjes

バター

boter

カッテージチーズ

kwark

ケーキ

taart

卵

ei

目玉焼き

spiegelei

チーズ

kaas

アイスクリーム

ijs

砂糖

suiker

はちみつ

honing

ジャム

confituur

ヌガークリーム

choco

カレー

curry

農場
boerderij

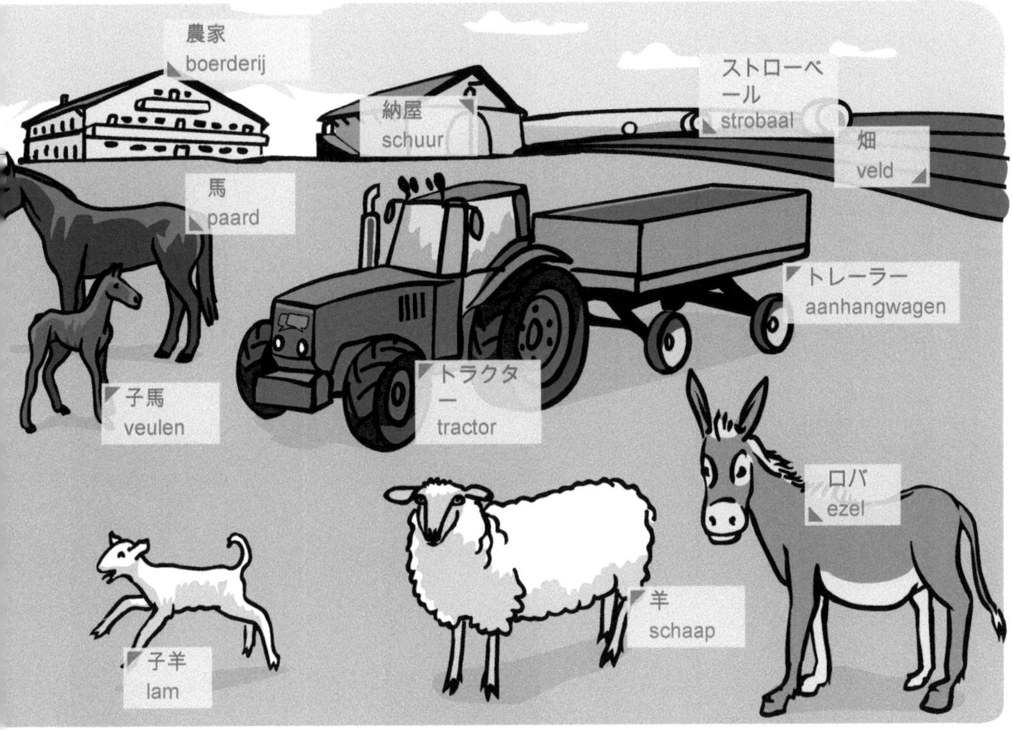

農家
boerderij
納屋
schuur
ストローベール
strobaal
畑
veld
馬
paard
トレーラー
aanhangwagen
子馬
veulen
トラクター
tractor
ロバ
ezel
羊
schaap
子羊
lam

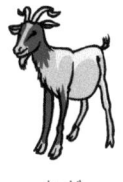

ヤギ
geit

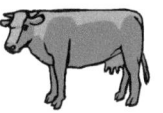

雌牛
koe

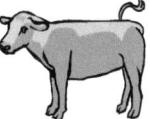

子牛
kalf

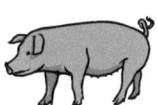

豚
varken

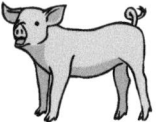

子豚
biggetje

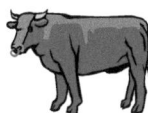

雄牛
stier

ガチョウ

gans

アヒル

eend

ひよこ

kuiken

にわとり

kip

おんどり

haan

ネズミ

rat

猫

kat

ねずみ

muis

雄牛

os

犬

hond

犬小屋

hondenhok

散水ホース

tuinslang

じょうろ

gieter

大鎌

zeis

すき

ploeg

草刈り鎌

sikkel

くわ

schoffel

堆肥用フォーク

hooivork

斧

bijl

手押し車

kruiwagen

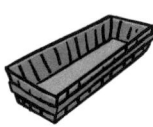

かいばおけ

trog

牛乳缶

melkkan

袋

zak

フェンス

hek

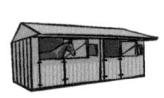

畜舎

stal

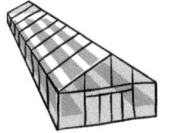

温室

broeikas

土壌

bodem

種

zaad

肥料

mest

コンバイン

maaidorser

収穫する

oogsten

収穫

oogst

ヤマイモ

yam

小麦

tarwe

大豆

soja

じゃがいも

aardappel

トウモロコシ

maïs

菜種

koolzaad

果樹

fruitboom

キャッサバ

maniok

穀物

graan

家

huis

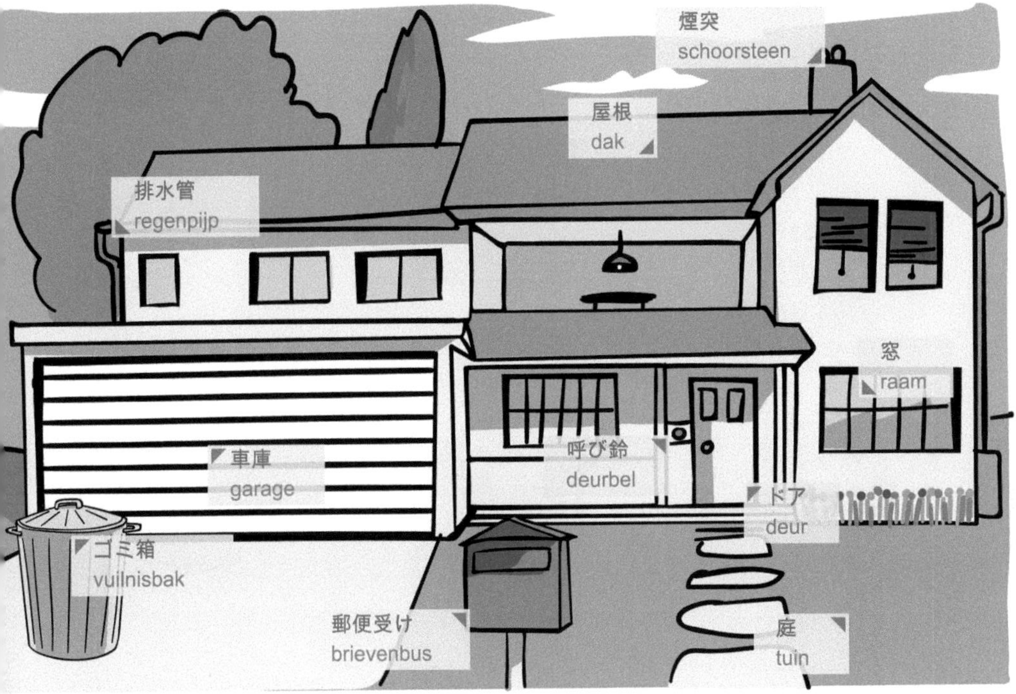

煙突
schoorsteen
屋根
dak
排水管
regenpijp
窓
raam
呼び鈴
deurbel
車庫
garage
ドア
deur
ゴミ箱
vuilnisbak
郵便受け
brievenbus
庭
tuin

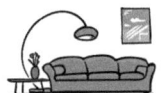

リビングルーム

woonkamer

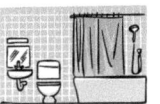

浴室

badkamer

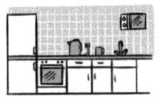

台所

keuken

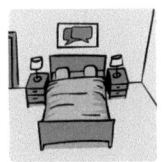

寝室

slaapkamer

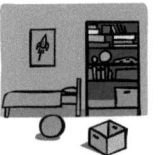

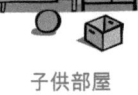

子供部屋

kinderkamer

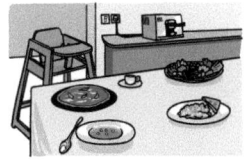

ダイニング・ルーム

eetkamer

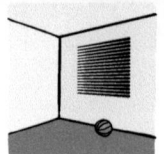

床
vloer

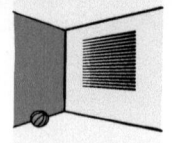

壁
muur

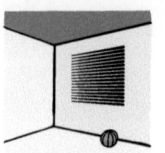

天井
plafond

地下貯蔵庫
kelder

サウナ
sauna

バルコニー
balkon

テラス
terras

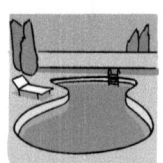

プール
zwembad

芝刈り機
grasmaaier

シーツ
dekbedovertrek

ベッドカバー
dekbed

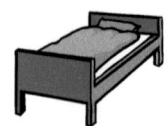

ベッド
bed

ほうき
bezem

バケツ
emmer

スイッチ
schakelaar

リビングルーム
woonkamer

壁紙
behangpapier
絵
foto
ランプ
lamp
棚
schap
食器棚
kast
テレビ
televisie
暖炉
open haard
花
bloem
クッション
kussen
ソファ
sofa
花瓶
vaas
リモコン
afstandsbediening

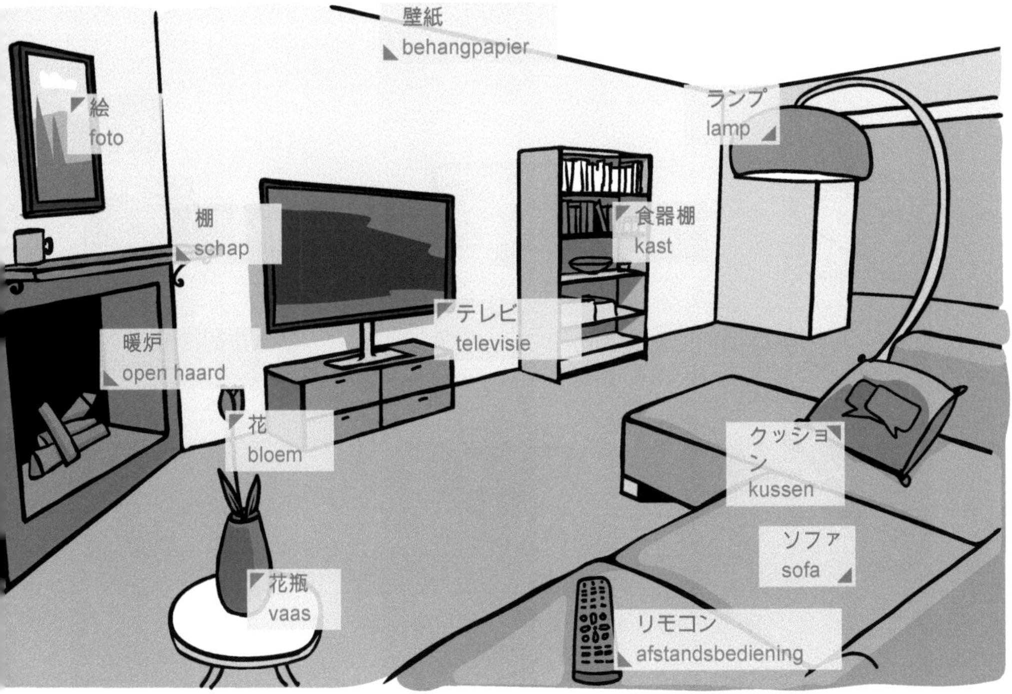

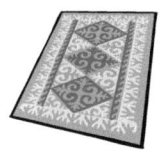

カーペット
mat

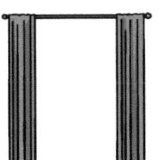

カーテン
gordijn

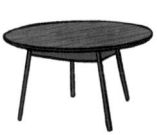

テーブル
tafel

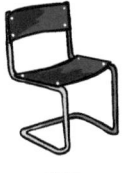

椅子
stoel

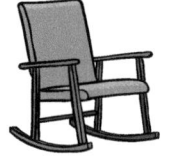

ロッキングチェア
schommelstoel

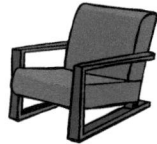

ひじ掛け椅子
fauteuil

本
boek

毛布
deken

飾り
decoratie

たきぎ
brandhout

映画
film

ステレオ
stereo-installatie

鍵
sleutel

新聞
krant

絵画
schilderij

ポスター
poster

ラジオ
radio

メモ帳
notitieboekje

掃除機
stofzuiger

サボテン
cactus

ろうそく
kaars

台所
keuken

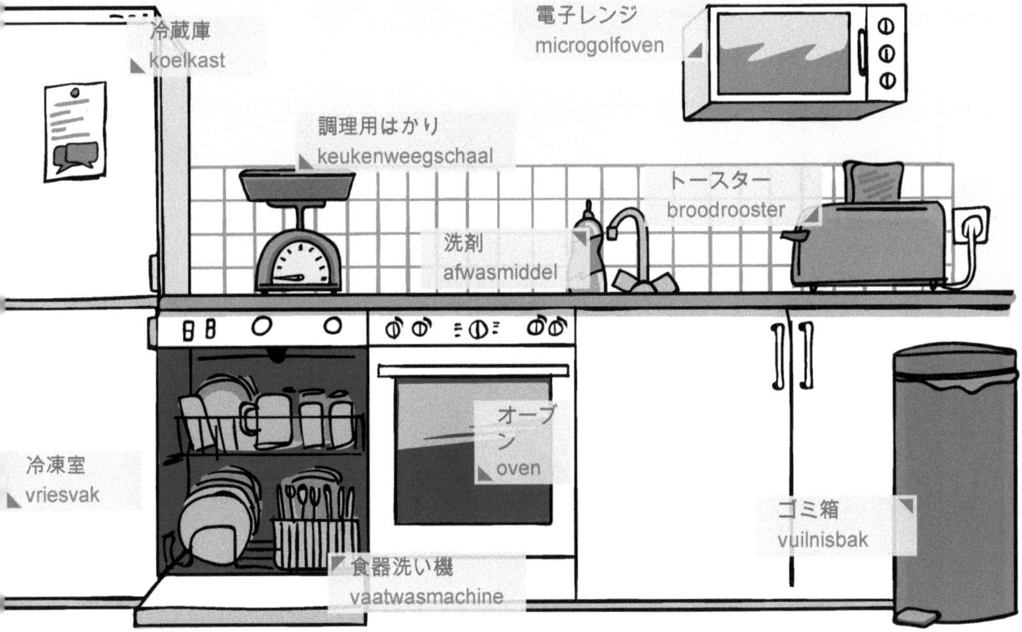

冷蔵庫
koelkast
電子レンジ
microgolfoven
調理用はかり
keukenweegschaal
トースター
broodrooster
洗剤
afwasmiddel
オーブン
oven
冷凍室
vriesvak
ゴミ箱
vuilnisbak
食器洗い機
vaatwasmachine

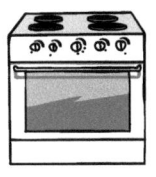

こんろ
fornuis

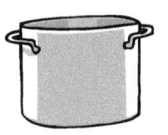

鍋
pot

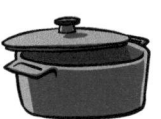

鉄鍋
gietijzeren pot

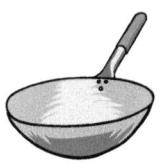

中華鍋/ カダイ鍋
wok / kadai

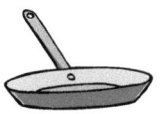

フライパン
pan

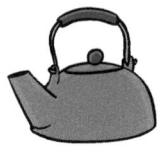

やかん
waterkoker

蒸し器

stoomkoker

天板

bakplaat

食器

servies

マグカップ

mok

ボウル

kom

箸

eetstokjes

おたま

pollepel

へら

spatel

泡立て器

garde

こし器

vergiet

ふるい

zeef

すりおろし器

rasp

すり鉢

mortier

バーベキュー

barbecue

かまど

haardvuur

まな板

snijplank

麺棒

deegrol

栓抜き

kurkentrekker

缶

blik

缶切り

blikopener

鍋つかみ

pannenlap

流し

gootsteen

ブラシ

borstel

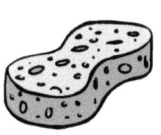

スポンジ

spons

ミキサー

blender

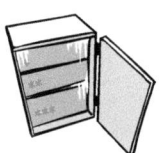

冷凍庫

vriezer

哺乳瓶

papfles

蛇口

kraan

浴室

badkamer

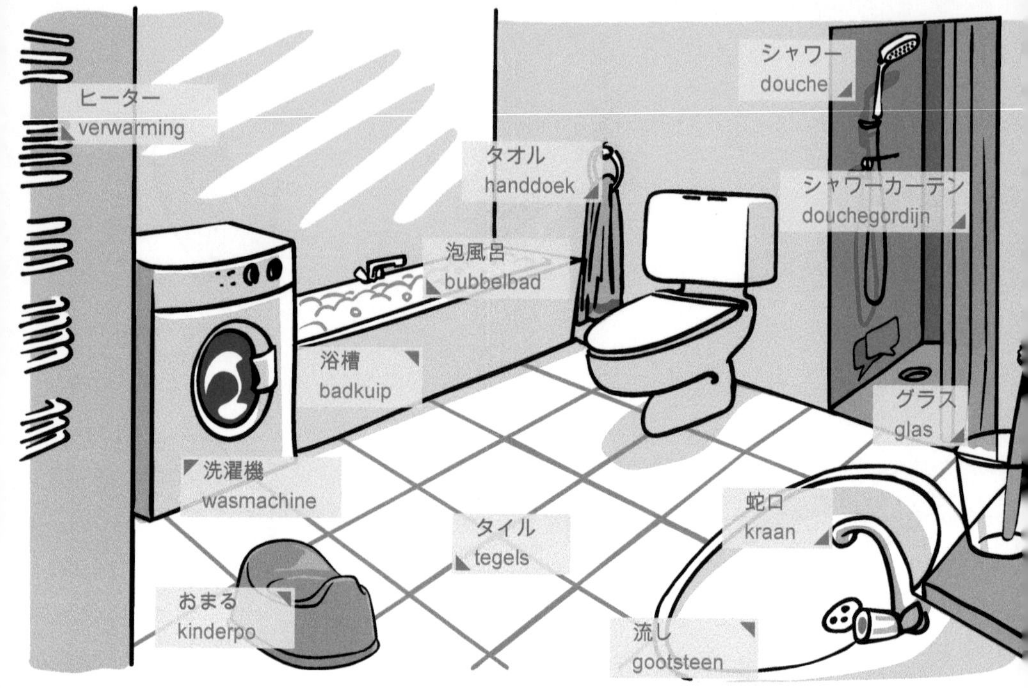

ヒーター
verwarming
シャワー
douche
タオル
handdoek
シャワーカーテン
douchegordijn
泡風呂
bubbelbad
浴槽
badkuip
グラス
glas
洗濯機
wasmachine
蛇口
kraan
タイル
tegels
おまる
kinderpo
流し
gootsteen

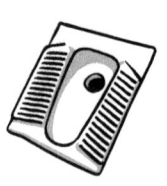

トイレ

toilet

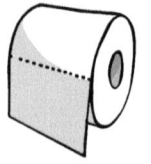

和式トイレ

hurktoilet

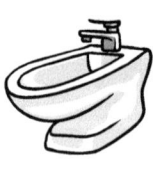

ビデ

bidet

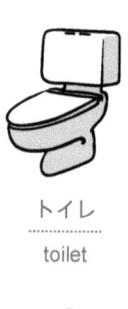

小便器

urinoir

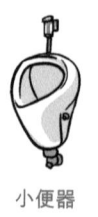

トイレットペーパー

toiletpapier

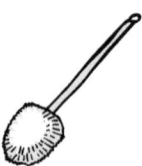

トイレブラシ

toiletborstel

歯ブラシ

tandenborstel

歯みがき

tandpasta

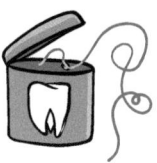

デンタルフロス

flosdraad

洗う

wassen

シャワーヘッド

handdouche

ハンドビデ

bidethanddouche

洗面台

waskom

ボディブラシ

rugborstel

石鹸

zeep

シャワー用ジェル

douchegel

シャンプー

shampoo

浴用タオル

washandje

排水口

afvoer

クリーム

crème

消臭

deodorant

鏡

spiegel

手鏡

handspiegel

かみそり

scheermes

シェービング・フォーム

scheerschuim

アフターシェーブローショ

aftershave

櫛

kam

ブラシ

borstel

ドライヤー

haardroger

ヘアスプレー

haarlak

化粧

make-up

口紅

lippenstift

マニキュア

nagellak

脱脂綿

watten

爪切り

nagelknipper

香水

parfum

洗面用具入れ

toilettas

スツール

kruk

体重計

weegschaal

バスローブ

badjas

ゴム手袋

latex handschoenen

タンポン

tampon

生理用ナプキン

maandverband

ケミカルトイレ

chemisch toilet

子供部屋

kinderkamer

目覚まし
時計
wekker
ぬいぐるみ
knuffel
おもちゃの自動車
speelgoedauto
がらがら
rammelaar
ドール・ハウス
poppenhuis
プレゼント
geschenk

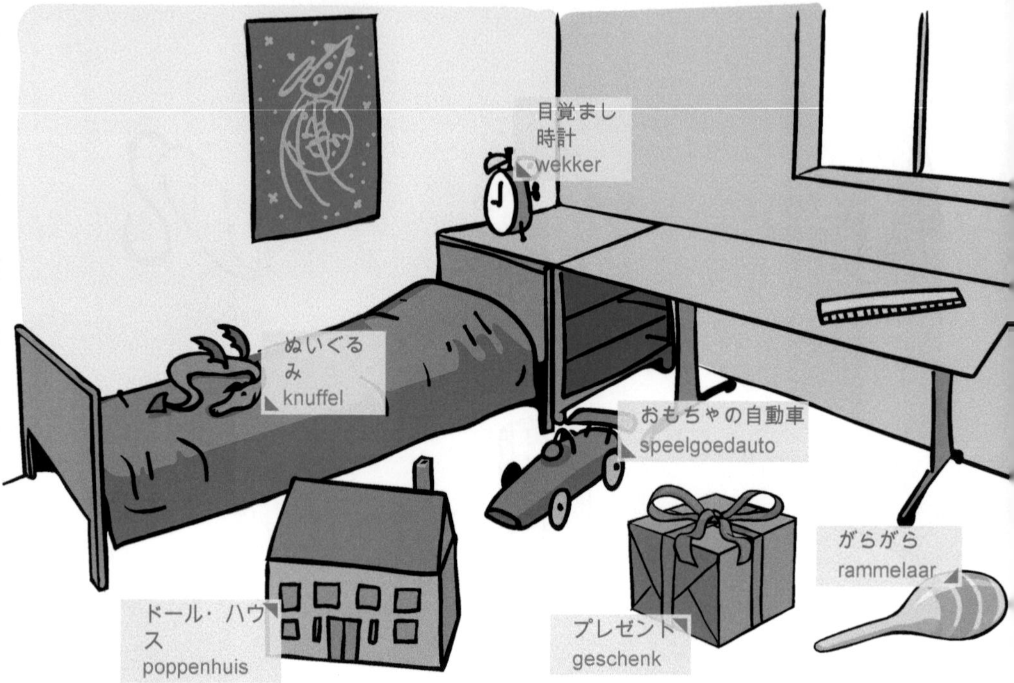

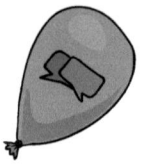

風船

ballon

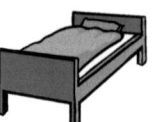

ベッド

bed

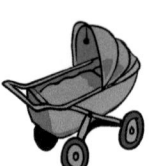

ベビーカー

kinderwagen

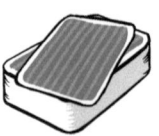

カードゲーム

spel kaarten

ジグソーパズル

puzzel

SUPER
MEGA

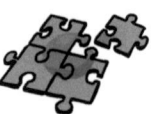

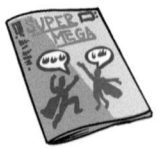

漫画

stripboek

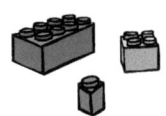

レゴ
legoblokjes

玩具ブロック
blokken

アクションフィギュア
actiefiguur

ロンパース
kruippakje

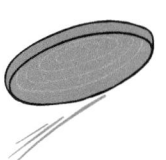

フリスビー
frisbee

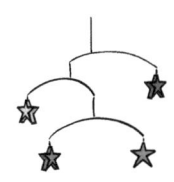

モバイル
mobiel

ボードゲーム
bordspel

さいころ
dobbelsteen

鉄道模型
modelspoorweg

おしゃぶり
fopspeen

パーティー
feest

絵本
prentenboek

ボール
bal

人形
pop

遊ぶ
spelen

砂場

zandbak

ブランコ

schommel

おもちゃ

speelgoed

ゲーム機

spelconsole

三輪車

driewieler

テディベア

knuffelbeer

衣装ダンス

kleerkast

衣服

kleding

靴下

sokken

ストッキング

kousen

タイツ

maillot

スカーフ
sjaal

ベルト
riem

雨傘
paraplu

Tシャツ
T-shirt

ブーツ
laarzen

スリッパ
slippers

スニーカー
sneakers

サンダル
sandalen

靴
schoenen

ゴム長靴
rubberlaarzen

パンツ
onderbroek

ブラ
beha

ベスト
onderhemd

衣服 - kleding
45

ボディースーツ

lichaam

ズボン

broek

ジーンズ

jeans

スカート

rok

ブラウス

blouse

シャツ

hemd

セーター

trui

パーカー

capuchontrui

ブレザー

blazer

ジャケット

jas

コート

jas

レインコート

regenjas

服装

kostuum

ドレス

jurk

ウェディングドレス

trouwjurk

スーツ

pak

ナイトガウン

nachthemd

パジャマ

pyjama

サリー

sari

ヘッドスカーフ

hoofddoek

ターバン

tulband

ブルカ

boerka

カフタン

kaftan

アバヤ

abaya

水着

badpak

トランクス

zwembroek

半ズボン

short

スウェットスーツ

trainingspak

エプロン

schort

手袋

handschoenen

ボタン
knoop

メガネ
bril

ブレスレット
armband

ネックレス
ketting

指輪
ring

イヤリング
oorbel

帽子
pet

ハンガー
kapstok

帽子
hoed

ネクタイ
das

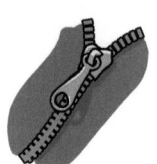

ファスナー
rits

ヘルメット
helm

サスペンダー
bretellen

制服
schooluniform

ユニフォーム
uniform

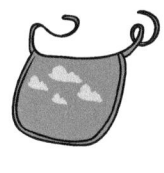

よだれかけ
slabbetje

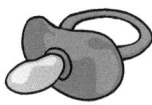

おしゃぶり
fopspeen

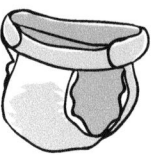

おむつ
luier

オフィス
kantoor

サーバ
server
書類キャビネット
dossierkast
紙
papier
プリンター
printer
モニター
monitor
マウス
muis
事務机
bureau
フォルダー
map
キーボード
toestenbord
ごみ箱
papiermand
コンピューター
computer
椅子
stoel

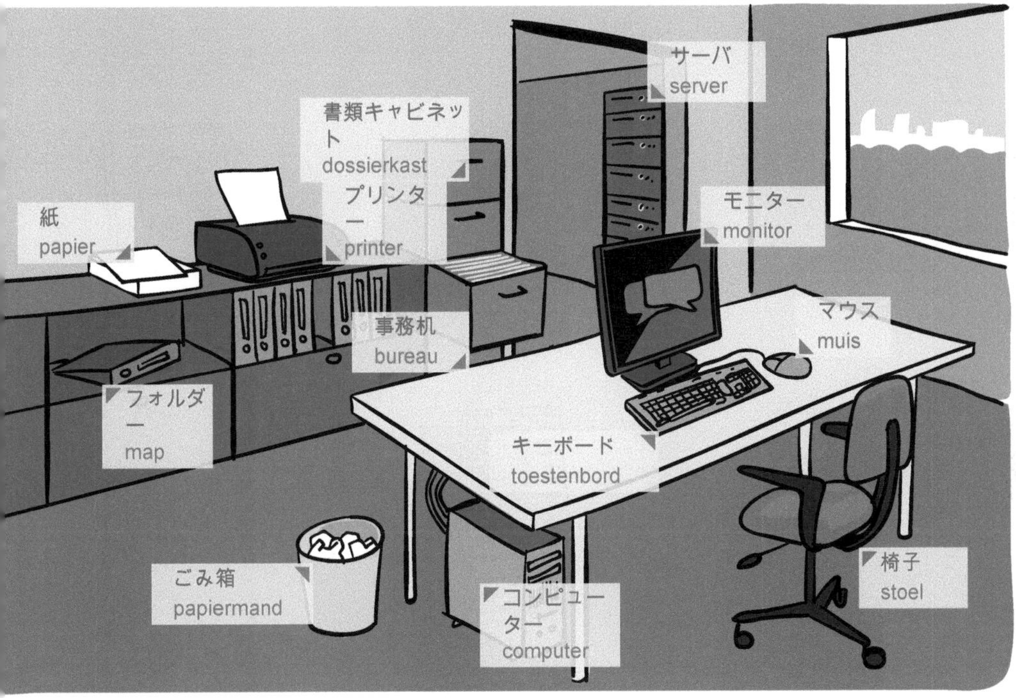

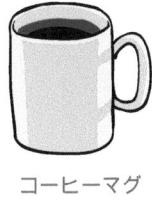

コーヒーマグ
koffiemok

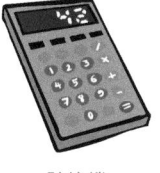

計算機
rekenmachine

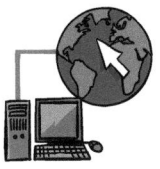

インターネット
internet

ラップトップ

laptop

手紙

brief

メッセージ

bericht

携帯電話

gsm

ネットワーク

netwerk

コピー機

kopieerapparaat

ソフトウェア

software

電話

telefoon

コンセント

stopcontact

ファックス

fax

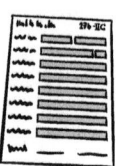

フォーム

formulier

書類

document

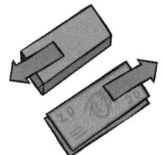

買う

kopen

支払う

betalen

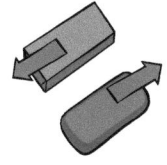

取引する

handelen

お金

geld

ドル

dollar

ユーロ

euro

円

yen

ルーブル

roebel

スイスフラン

Zwitserse frank

人民元

Chinese renminbi

ルピー

roepie

キャッシュポイント

geldautomaat

両替所

wisselkantoor

金

goud

銀

zilver

油

olie

エネルギー

energie

価格

prijs

契約

contract

税金

belasting

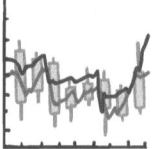

株

aandeel

働く

werken

従業員

werknemer

雇用主

werkgever

工場

fabriek

ショップ

winkel

職業
beroepen

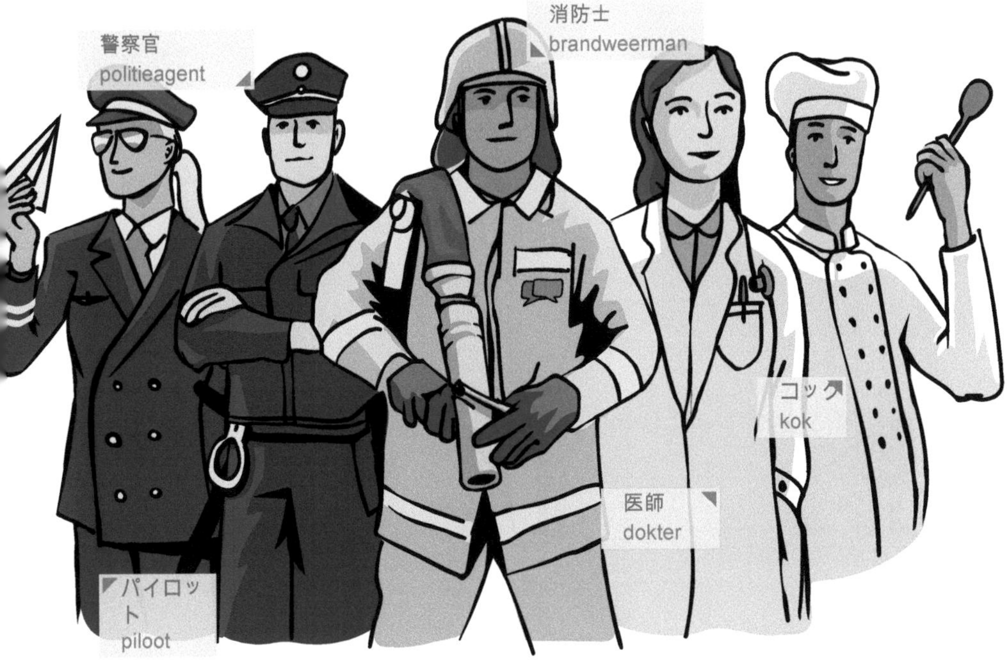
警察官
politieagent
消防士
brandweerman
コック
kok
医師
dokter
パイロット
piloot

庭師

tuinman

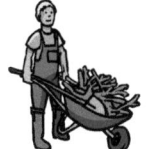

大工

timmerman

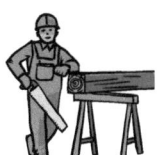

お針子

naaister

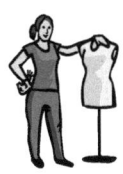

裁判官

rechter

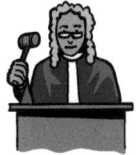

化学者

chemicus

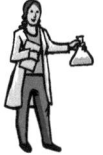

俳優

acteur

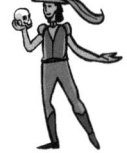

バスの運転手

buschauffeur

タクシー運転手

taxichauffeur

漁師

visser

掃除婦

schoonmaakster

屋根ふき職人

dakdekker

ウェイター

ober

ハンター

jager

塗装工

schilder

パン屋

bakker

電気工

elektricien

建設作業員

bouwvakker

エンジニア

ingenieur

肉屋

slager

配管工

loodgieter

郵便配達人

postbode

軍人
soldaat

建築家
architect

レジ係
kassier

花屋
bloemist

美容師
kapper

車掌
conducteur

機械工
mecanicien

キャプテン
kapitein

歯科医
tandarts

科学者
wetenschapper

ラビ
rabbijn

イスラム導師
imam

修道士
monnik

牧師
geestelijke

道具

werktuigen

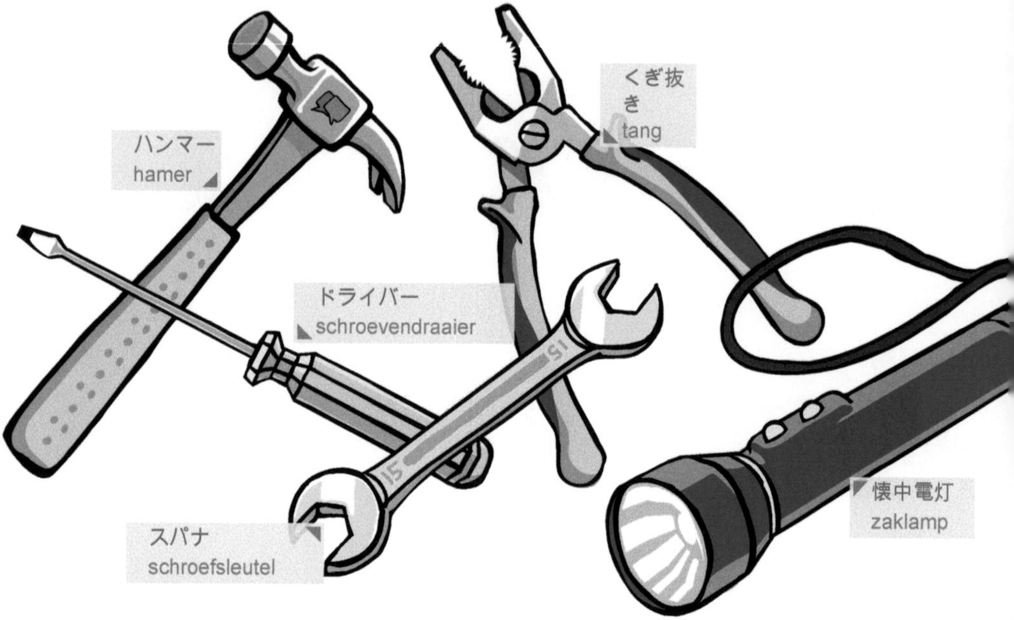

ハンマー
hamer
くぎ抜き
tang
ドライバー
schroevendraaier
スパナ
schroefsleutel
懐中電灯
zaklamp

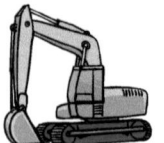

掘削機

graafmachine

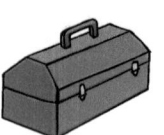

道具箱

gereedschapskoffer

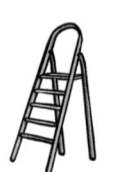

はしご

ladder

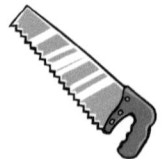

のこぎり

zaag

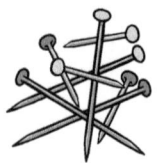

釘

spijkers

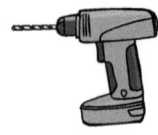

ドリル

boormachine

修理する
repareren

シャベル
schop

クソ！
Verdomme!

ちりとり
blik

ペンキ缶
verfpot

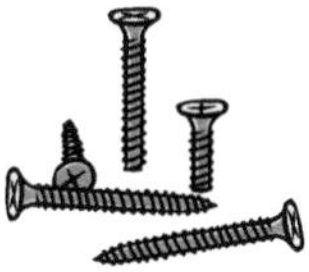

ネジ
schroeven

楽器

muziekinstrumenten

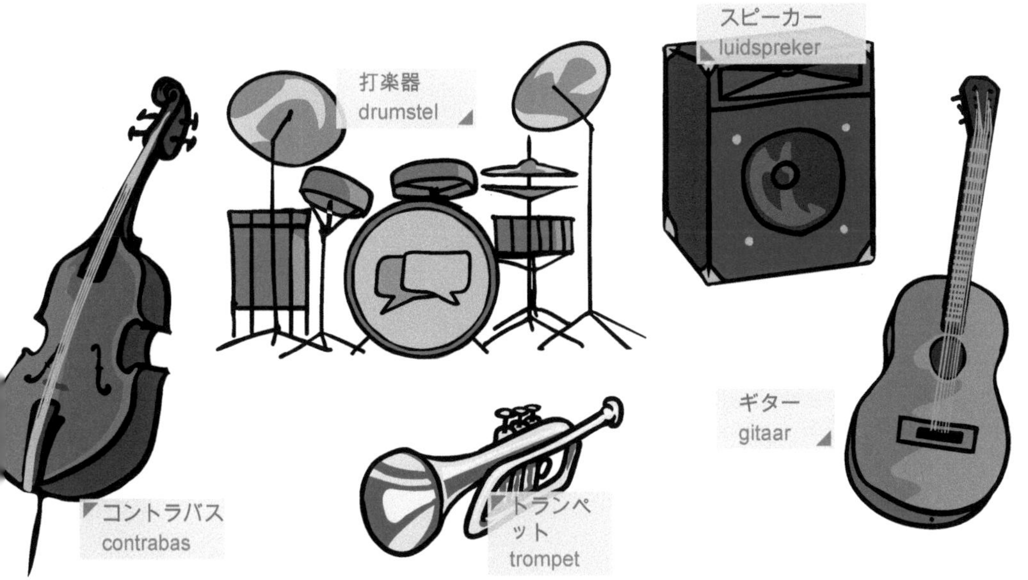

コントラバス
contrabas

打楽器
drumstel

スピーカー
luidspreker

ギター
gitaar

トランペット
trompet

ピアノ

piano

バイオリン

viool

バス

basgitaar

ティンパニ

pauk

ドラム

trommels

キーボード

keyboard

サックス

saxofoon

フルート

fluit

マイクロフォン

microfoon

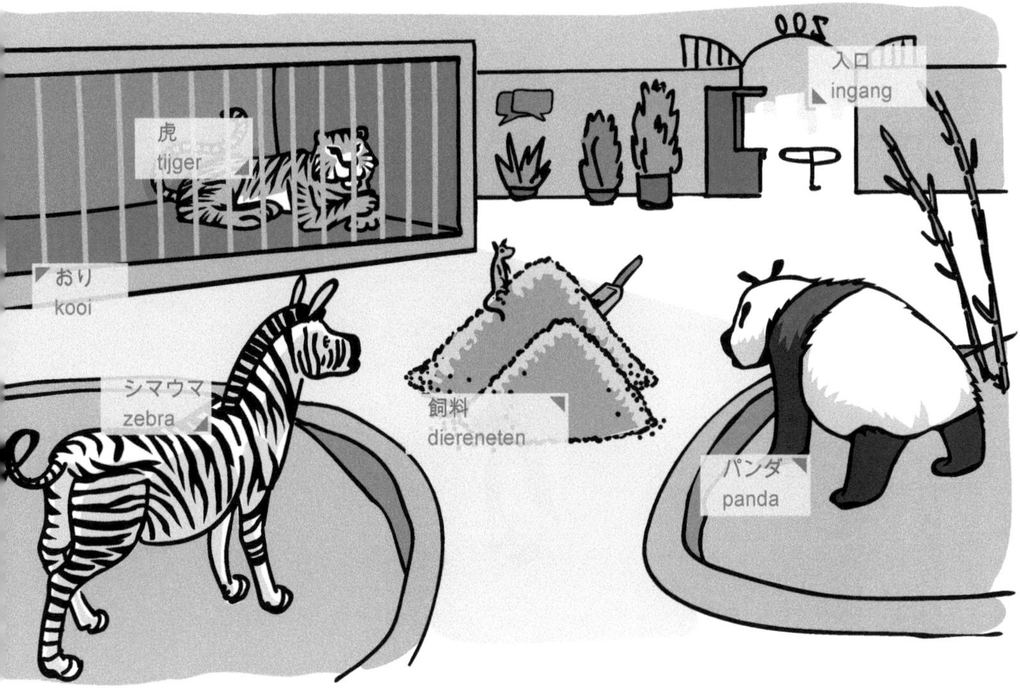

zoo
入口
ingang
虎
tijger
おり
kooi
シマウマ
zebra
飼料
diereneten
パンダ
panda

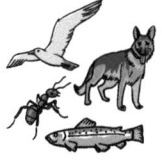

動物

dieren

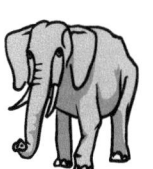

象

olifant

カンガルー

kangoeroe

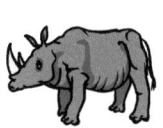

サイ

neushoorn

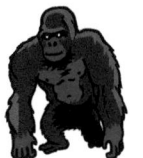

ゴリラ

gorilla

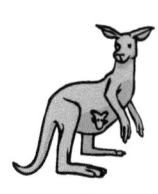

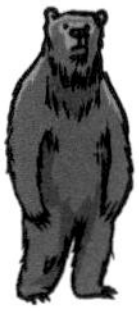

熊

beer

ラクダ

kameel

ダチョウ

struisvogel

ライオン

leeuw

猿

aap

フラミンゴ

flamingo

オウム

papegaai

白クマ

ijsbeer

ペンギン

pinguïn

サメ

haai

クジャク

pauw

蛇

slang

ワニ

krokodil

飼育係

dierenverzorger

アザラシ

zeehond

ジャガー

jaguar

ポニー
pony

ヒョウ
luipaard

カバ
nijlpaard

キリン
giraffe

鷲
adelaar

雄豚
wild zwijn

魚
vis

亀
zeeschildpad

セイウチ
walrus

狐
vos

ガゼル
gazelle

アメフト
rugby

サイクリング
wielrennen

テニス
tennis

バスケットボ
ール
basketbal

水泳
zwemmen

ボクシン
グ
boksen

アイスホッケ
ー
ijshockey

サッカー
voetbal

バドミントン
badminton

陸上競技
atletiek

ハンドボール
handbal

スキー
skiën

ポロ
polo

活動

activiteiten

笑う
lachen
跳ぶ
springen
抱きしめる
knuffelen
歩く
wandelen
歌う
zingen
夢見る
dromen
祈る
bidden
キス
kussen

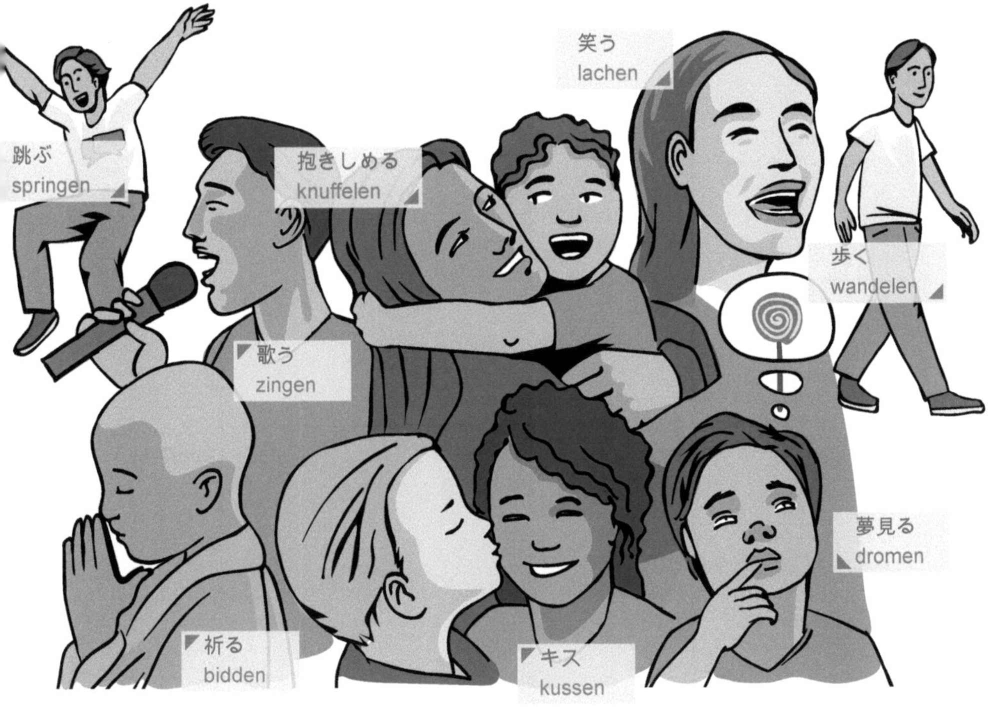

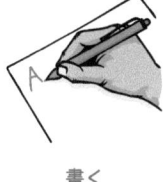

書く

schrijven

描く

tekenen

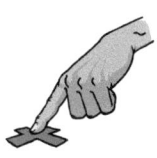

示す

tonen

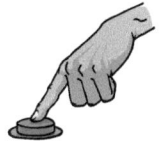

押す

duwen

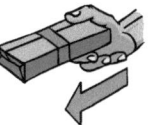

与える

geven

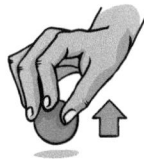

取る

nemen

持っている

hebben

する

doen

ある

zijn

立つ

staan

走る

lopen

引く

trekken

投げる

gooien

落ちる

vallen

横たわっている

liggen

待つ

wachten

運ぶ

dragen

座る

zitten

着る

aankleden

眠る

slapen

目が覚める

ontwaken

見る
kijken naar

泣く
wenen

なでる
aaien

櫛ですく
kammen

話す
praten

理解する
begrijpen

質問する
vragen

聞く
luisteren

飲む
drinken

食べる
eten

片づける
opruimen

愛する
houden van

料理する
koken

運転する
rijden

飛ぶ
vliegen

ヨットに乗る

zeilen

計算する

rekenen

読む

Lezen

学ぶ

leren

働く

werken

結婚する

trouwen

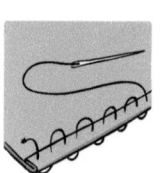

縫う

naaien

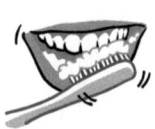

歯を磨く

tandenpoetsen

殺す

doden

喫煙する

roken

送る

sturen

家族

familie

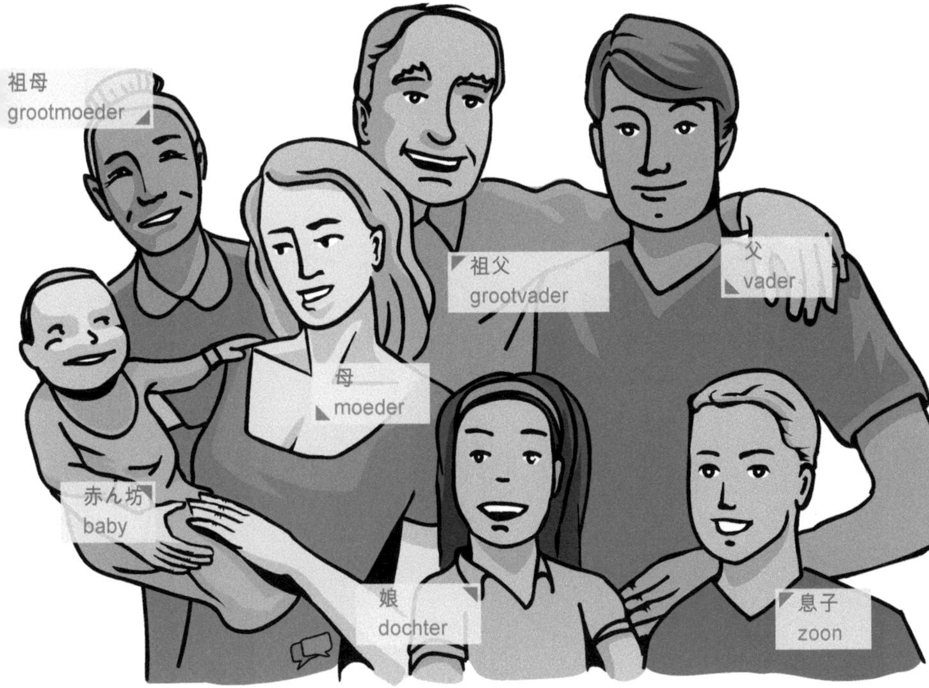
祖母
grootmoeder
祖父
grootvader
父
vader
母
moeder
赤ん坊
baby
娘
dochter
息子
zoon

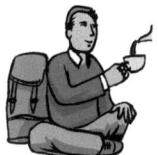

お客様

gast

おば

tante

おじ

oom

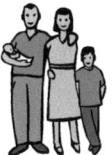

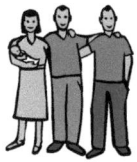

兄弟

broer

姉妹

zus

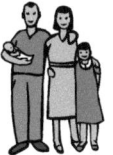

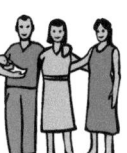

体

lichaam

ひたい
voorhoofd
目
oog
肩
schouder
指
vinger
顔
gezicht
あご
kin
手
hand
脚
been
胸
borst
腕
arm

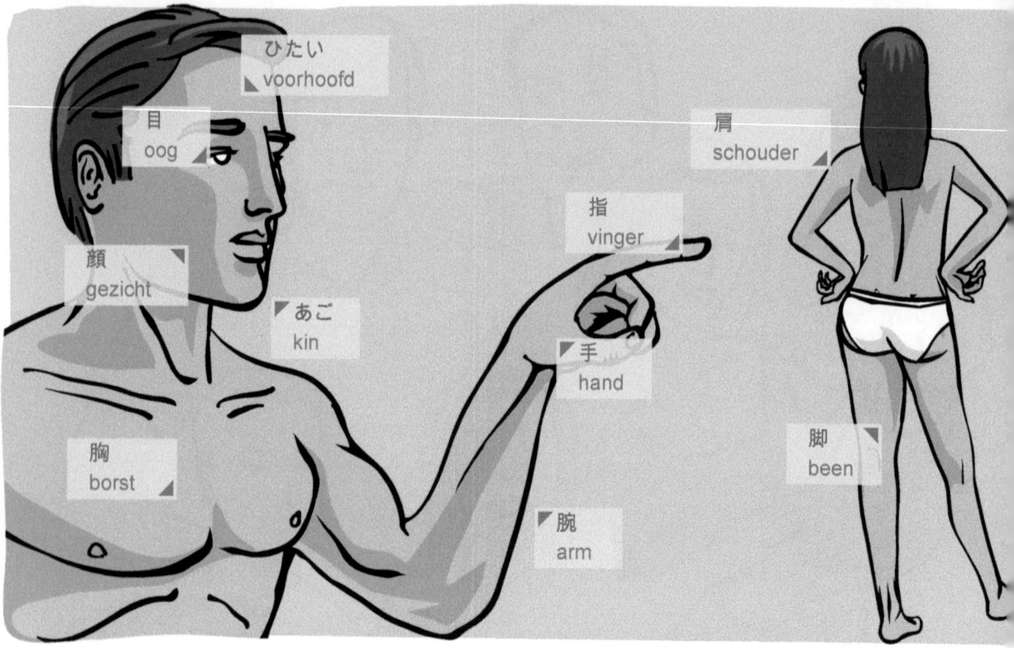

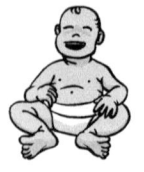

赤ん坊

baby

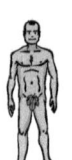

男性

man

女性

vrouw

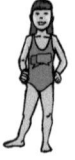

少女

meisje

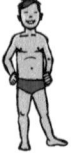

少年

jongen

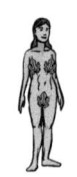

頭

hoofd

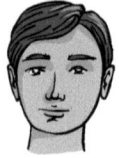

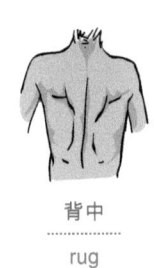

背中
rug

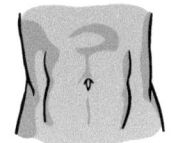

腹
buik

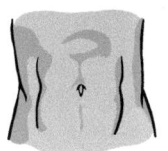

へそ
navel

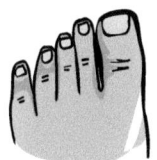

足指
teen

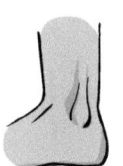

かかと
hiel

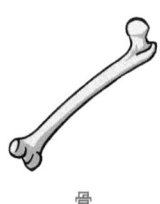

骨
bot

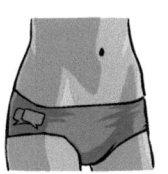

腰
heup

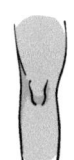

ひざ
knie

ひじ
elleboog

鼻
neus

尻
zitvlak

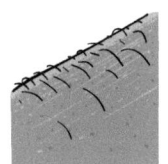

皮膚
huid

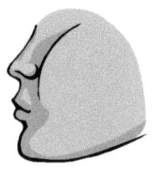

頬
wang

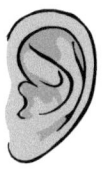

耳
oor

唇
lip

口
....
mond

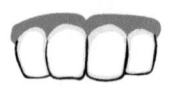

歯
....
tand

舌
....
tong

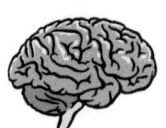

脳
....
hersenen

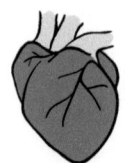

心臓
....
hart

筋肉
....
spier

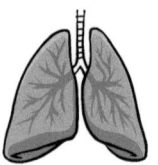

肺
....
long

肝臓
....
lever

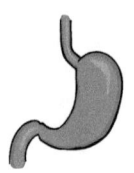

胃
....
maag

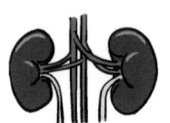

腎臓
....
nieren

セックス
....
seks

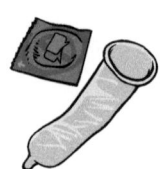

コンドーム
....
condoom

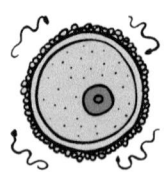

卵細胞
....
eicel

精液
....
sperma

妊娠
....
zwangerschap

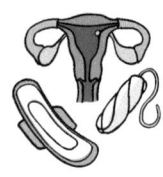

月経

menstruatie

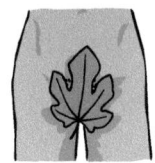

膣

vagina

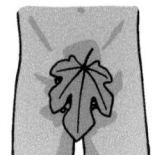

ペニス

penis

眉

wenkbrauw

髪

haar

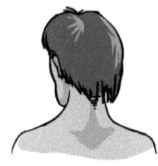

首

nek

病院
ziekenhuis

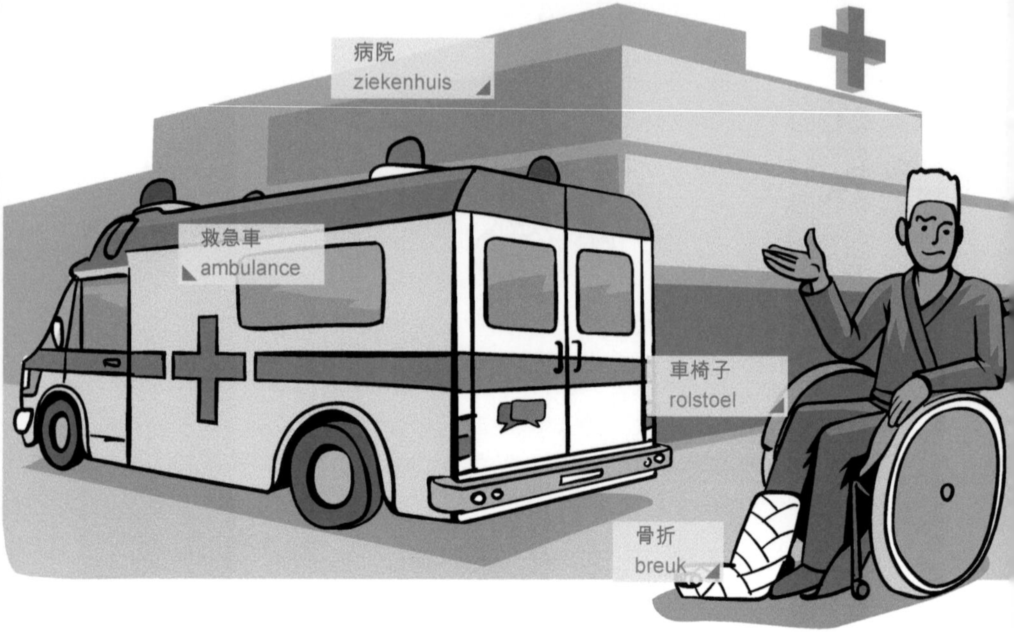

病院
ziekenhuis
救急車
ambulance
車椅子
rolstoel
骨折
breuk

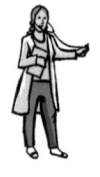

医師

dokter

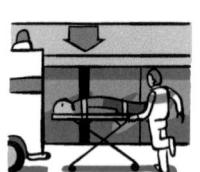

救急治療室

spoed

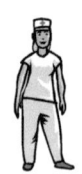

看護師

verpleegkundige

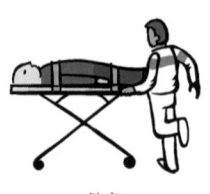

救急

noodgeval

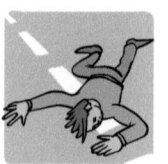

失神

bewusteloos

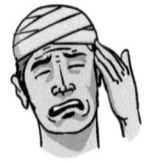

痛み

pijn

けが
verwonding

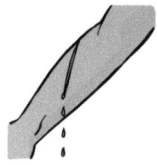

出血
bloeding

心臓発作
hartaanval

脳卒中
beroerte

アレルギー
allergie

咳
hoest

熱
koorts

インフルエンザ
griep

下痢
diarree

頭痛
hoofdpijn

癌
kanker

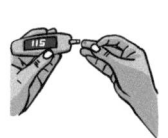

糖尿病
diabetes

外科医
chirurg

外科用メス
scalpel

手術
operatie

CT

CT

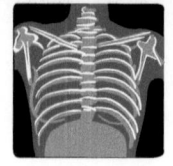

レントゲン

röntgenstraal

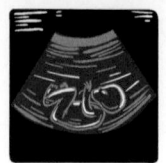

超音波

ultrageluid

マスク

gezichtsmasker

病気

ziekte

待合室

wachtkamer

松葉づえ

kruk

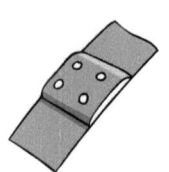

ばんそうこう

pleister

包帯

verband

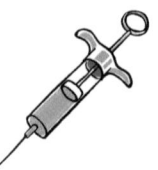

注射

injectie

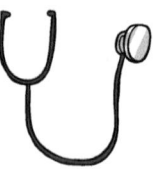

聴診器

stethoscoop

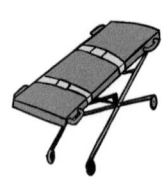

担架

brancard

体温計

thermometer

出産

geboorte

肥満

overgewicht

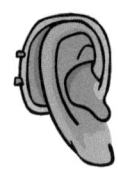

補聴器

hoorapparaat

消毒剤

ontsmettingsmiddel

感染

infectie

ウイルス

virus

HIV / エイズ

HIV / AIDS

内服薬

medicijn

予防接種

vaccinatie

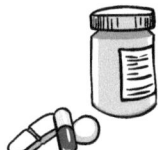

錠剤

tabletten

ピル

pil

緊急電話

noodoproep

血圧計

bloeddrukmeter

病気の ／ 健康な

ziek / gezond

助けて！

Help!

アラーム

alarm

暴行

overval

攻撃

aanval

危険

gevaar

非常口

nooduitgang

火事だ！

Brand!

消火器

brandblusser

事故

ongeval

救急箱

EHBO-kit

SOS

SOS

警察

politie

ヨーロッパ

Europa

北米

Noord-Amerika

南米

Zuid-Amerika

アフリカ

Afrika

アジア

Azië

オーストラリア

Australië

大西洋

Atlantische Oceaan

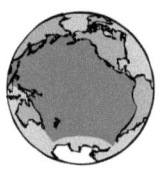

太平洋

Stille Oceaan

インド洋

Indische Oceaan

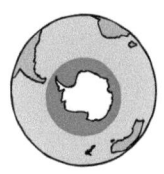

南極海

Antarctische Oceaan

北極海

Arctische Oceaan

北極

Noordpool

南極
Zuidpool

南極大陸
Antarctica

地球
aarde

陸
land

海
zee

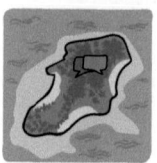

島
eiland

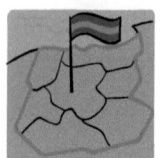

国家
natie

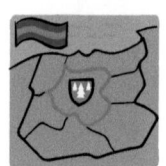

国家
staat

文字盤

wijzerplaat

短針

uurwijzer

長針

minuutwijzer

秒針

secondewijzer

何時ですか？

Hoe laat is het?

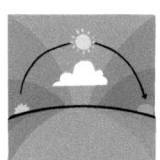

日

dag

時間

tijd

現在

nu

デジタル時計

digitale horloge

分

minuut

時間

uur

週
week

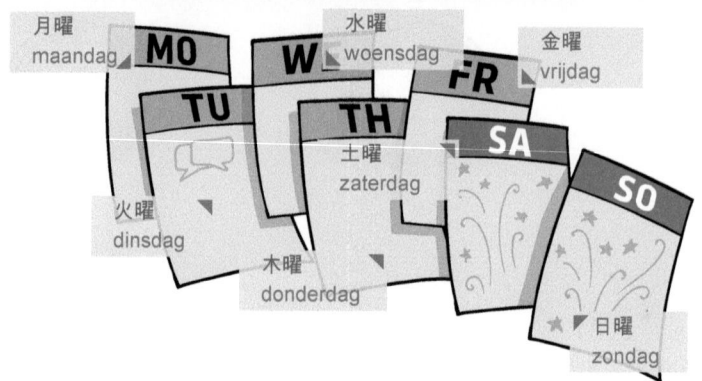

月曜 maandag
火曜 dinsdag
水曜 woensdag
木曜 donderdag
金曜 vrijdag
土曜 zaterdag
日曜 zondag

昨日
gisteren

今日
vandaag

明日
morgen

朝
ochtend

昼
middag

夜
avond

MO	TU	WE	TH	FR	SA	SU
1	2	3	4	5	6	7
8	9	10	11	12	13	14
15	16	17	18	19	20	21
22	23	24	25	26	27	28
29	30	31	1	2	3	4

營業日
werkdagen

MO	TU	WE	TH	FR	SA	SU
1	2	3	4	5	6	7
8	9	10	11	12	13	14
15	16	17	18	19	20	21
22	23	24	25	26	27	28
29	30	31	1	2	3	4

週末
weekend

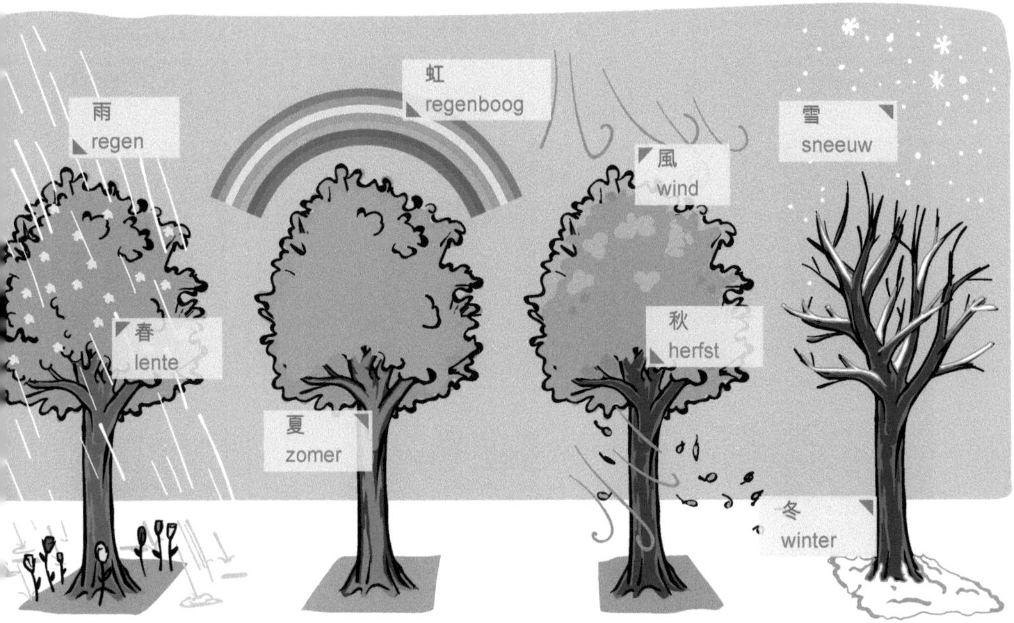

雨
regen

虹
regenboog

風
wind

雪
sneeuw

春
lente

夏
zomer

秋
herfst

冬
winter

天気予報

weervoorspelling

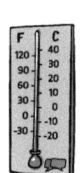

温度計

thermometer

日差し

zonneschijn

雲

wolk

霧

mist

湿度

vochtigheid

雷

bliksem

雷

donder

嵐

storm

ひょう

hagel

季節風

moesson

洪水

overstroming

氷

ijs

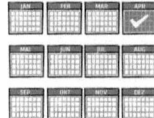

1月

januari

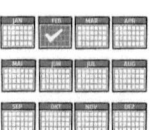

2月

februari

3月

maart

4月

april

5月

mei

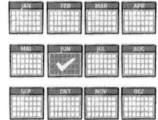

6月

juni

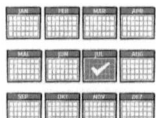

7月

juli

8月

augustus

年 - jaar

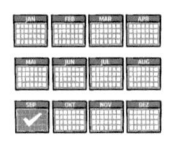

9月
....
september

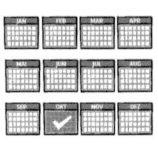

10月
....
oktober

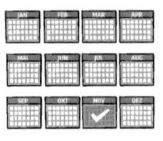

11月
....
november

12月
....
december

形

vormen

円
....
cirkel

正方形
....
kwadraat

長方形
....
rechthoek

三角
....
driehoek

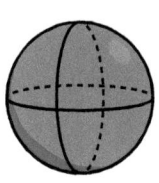

球
....
bol

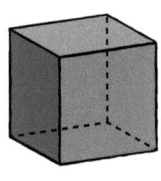

立方体
....
kubus

kleuren

白
wit

黄
geel

オレンジ
oranje

ピンク
roze

赤
rood

紫
paars

青
blauw

緑
groen

茶
bruin

灰色
grijs

黒
zwart

多い / 少ない
veel / weinig

怒っている /
落ち着いている
boos / kalm

美しい / 醜い
mooi / lelijk

初め / 終わり
begin / einde

大きい / 小さい
groot / klein

明るい / 暗い
licht / donker

兄弟 / 姉妹
broer / zus

清潔な / 汚い
proper / vuil

完全な / 不完全な
volledig / onvolledig

日中 / 夜
dag / nacht

死んだ / 生きている
dood / levend

幅広い / 狭い
breed / smal

食べられる　/
食べられない
eetbaar / oneetbaar

悪意のある　/　親切な
kwaadaardig / vriendelijk

興奮している　/
退屈じている
opgewonden / verveeld

太った　/　痩せた
dik / dun

最初に　/　最後に
eerst / laatst

友人　/　敵
vriend / vijand

いっぱいの　/　空の
vol / leeg

硬い　/　柔らかい
hard / zacht

重い　/　軽い
zwaar / licht

空腹　/　喉の渇き
honger / dorst

病気の　/　健康な
ziek / gezond

違法な　/　合法な
illegaal / legaal

賢い　/　愚かな
intelligent / dom

左に　/　右に
links / rechts

近い　/　遠い
dichtbij / veraf

新しい / 中古の

nieuw / gebruikt

何もない / 何かある

niets / iets

老いた / 若い

oud / jong

オン / オフ

aan / uit

開いている /
閉まっている
open / dicht

静かな / うるさい

stil / luid

裕福な / 貧乏な

rijk / arm

正しい / 間違っている

juist / fout

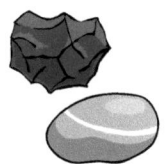

粗い / なめらか

ruw / glad

悲しい / 幸せな

droevig / blij

短い / 長い

kort / lang

ゆっくり / 速い

traag / snel

濡れた / 乾いた

nat / droog

温かい / 冷たい

warm / koud

戦争 / 平和

oorlog / vrede

反対 - tegengestelden

0

ゼロ

nul

1

1

één

2

2

twee

3

3

drie

4

4

vier

5

5

vijf

6

6

zes

7

7

zeven

8

8

acht

9

9

negen

10

10

tien

11

11

elf

12

12

twaalf

13

13

dertien

14

14

veertien

15

15

vijftien

16

16

zestien

17

17

zeventien

18

18

achtien

19

19

negentien

20

20

twintig

100

100

honderd

1.000

1000

duizend

1.000.000

100万

miljoen

英語

Engels

アメリカ英語

Amerikaans Engels

中国標準語

Chinees (Mandarijn)

ヒンディー語

Hindi

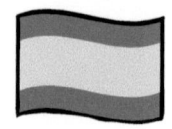

スペイン語

Spaans

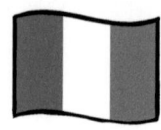

フランス語

Frans

アラビア語

Arabisch

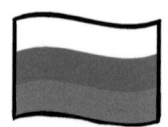

ロシア語

Russisch

ポルトガル語

Portugees

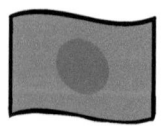

ベンガル語

Bengali

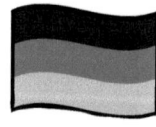

ドイツ語

Duits

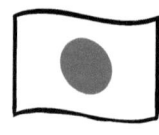

日本語

Japans

誰 / 何 / どう
wie / wat / hoe

私
ik

あなた
u

彼 / 彼女 / それ
hij / zij / het

私たち
wij

あなたたち
u

彼ら
ze

誰？
wie?

何？
wat?

どうやって？
hoe?

どこ？
waar?

いつ？
wanneer?

名前
naam

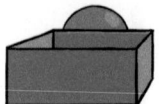

後ろ

achter

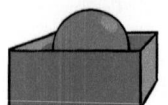

中

in

前

voor

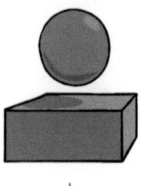

上

boven

上

op

下

onder

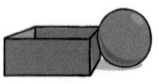

横

naast

間

tussen

場所

plaats